JUGEMENT
DU
TRIBUNAL DE CASSATION,

Rendu à l'occasion des troubles qui s'élevèrent dans la ville d'Arles, le 25 Nivôse, an cinquième,

PRÉCÉDÉ

D'un Avertissement et de quelques autres pièces relatives à ce Jugement.

A ARLES,

Chez G. Mesnier Fils, Imprimeur de la Commune.

L'An VI. Républicain.

AVERTISSEMENT.

En faisant imprimer le Jugement du Tribunal de Cassation, sur les mouvemens qui eurent lieu dans notre Commune le 25 Nivôse, an 5e., nous n'avons pas dessein de reveiller dans l'ame de nos Concitoyens des sentimens de haine & d'animosité, sentimens que l'excès de l'injustice & de l'oppression, l'indignation du moment, ou même l'inquiette sollicitude du Républicanisme, dans les dangers de la patrie, ne purent allumer que passagérement dans nos cœurs, mais qui s'éteignirent au moment de notre triomphe, ou plutôt de celui de la liberté & de l'égalité.

Ce que nous nous proposons en publiant ce Jugement & le petit nombre de pièces qui le précédent, c'est de dessiller, s'il est possible, les yeux de tous les Citoyens bien intentionnés, & sur-tout de cette nombreuse partie du peuple, d'autant plus intéressante, qu'on ne parvient à lui faire faire le mal, qu'en la trompant. Nous espérons qu'en exposant aux regards de tous, les faits dont ils ont pu être eux-mêmes témoins, qu'en leur montrant la vérité toute nue, & telle que toutes les Autorités civiles & militaires l'ont reconnue, dépouillée enfin de tous les prestiges de l'élocution, nous les mettrons, en invoquant leur bonne foi, à même de prononcer entre nous & nos oppresseurs. Nous n'ajouterons donc pas une seule réflexion, pas un seul mot aux pièces que nous offrons au public.

PROCÈS-VERBAL
DES ÉVÉNEMENS
ARRIVÉS DANS ARLES LE 25 NIVOSE AN 5.

Rédigé par l'Administration Municipale & toutes les Autorités Civiles & Militaires.

L'AN cinquième de la République Française, une & indivisible, & le 25 Nivôse, Nous Administrateurs Municipaux de cette Commune d'Arles, instruits qu'une rixe particulière qui venoit de s'élever entre un volontaire en garnison dans nos murs, & un de nos concitoyens, donnoit lieu à quelques mouvemens populaires, nous nous sommes de suite transportés chez le Commandant de la Place pour nous concerter avec lui, à l'effet de prévenir les inconvéniens qui pouvoient en résulter. De là nous nous sommes transportés tous à la Commune, où les Commissaires de police se sont rendus auprès de nous. Alors nous avons formé des patrouilles, à la tête desquelles nous nous sommes mis de concert avec le Citoyen Commandant de la Place & ses adjoints, & nous nous sommes occupés sans relâche jusqu'à huit heures du soir à parcourir les différents quartiers de la ville, à dissiper tout rassemblement & à calmer les esprits. Cependant à neuf heures du soir, de nouveaux sujets d'inquiétude parviennent aux oreilles du Commandant de la Place & de notre Administration. Nous nous rendons aussitôt à la maison commune, où nous restons en permanence. Nous distribuons de nouveau plusieurs patrouilles qui parcourent, avec un officier civil & un de l'état-major de la place en tête, les différents quartiers : une d'entr'elles nous rapporte avoir rencontré du côté de la cavalerie & près le ci-devant café des *Suisses* grand nombre de Citoyens rassemblés; un autre rapporte la même chose du côté de l'ouest. D'après les deux rapports, ces Citoyens paroissoient animés des mêmes inquiétudes, & se demandoient réciproquement, *qu'est-ce qu'il y avoit.*

Cependant deux coups de fusil ou de pistolet se font entendus du côté du levant, sans qu'on sache de quelle main ils sont partis, on redouble de surveillance & d'activité; mais peu de temps après la cloche de l'horloge de la ci-devant paroisse Ste. Croix, fait entendre quelques coups de *beffroi*. Une patrouille y est dirigée pour s'assurer de ce qui donne lieu à ce signal d'alarme, elle retourne quelque tems après, & nous fait part qu'elle a vu beaucoup de Citoyens alarmés qui se demandoient les uns aux autres, *qu'est-ce que c'est que cela ?* L'officier municipal qui étoit à la tête, de concert avec un officier de la place, les rassure & les invite à se retirer, ils obéissent, & le calme renaît dans les esprits. Cependant un renfort de bons Citoyens s'étoit rendu à la Commune; & jusqu'à trois heures du matin, les patrouilles se sont succédées & croisées; enfin, comme elles nous ont rapporté que tout étoit rentré dans l'ordre, qui n'avoit été troublé que par des craintes mutuelles, nous avons vérifié par nous-mêmes ledit rapport, en parcourant les différents quartiers, & après avoir reconnu qu'il étoit conforme à la plus exacte vérité, nous nous sommes retirés, ainsi que le Citoyen Commandant de la place, qui n'a cessé, pendant tout le temps de la crise, de nous marquer le plus grand dévouement à la chose publique, & son vif désir d'entretenir, de concert avec nous, la paix & la tranquillité parmi les Citoyens. En foi de quoi, Nous Officiers municipaux de cette Commune d'Arles, & autres autorités civiles & militaires, nous nous sommes soussignés, à Arles l'an & jour que dessus. *Signés*, Le Chef de Brigade, Commandant de la Place J. VIENNET ; MEYLIER, Cape. Comdt. CHEVAILLIER Adjudant ; MAUREAU Président ; MARTIN Officier municipal ; DEDIEU Officier M. CLAIR Officier M. BRUNO Commissaire de Police ; RIPERT Commissaire du Directoire Exécutif, & MOURET Secrétaire en chef.

Deux Lettres du Ministre de la Justice à l'Administration Municipale d'Arles.

Paris, 23 Pluviôse, 5e. année Républicaine.

Tous les renseignemens qui me sont parvenus, Citoyens, sur l'événement arrivé à Arles la nuit du 25 au 26, assurent que vous vous êtes conduits avec une intelligence, une sagesse dignes des plus grands éloges.

Puisse votre exemple servir de modèle à tous les magistrats de la République, puissent-ils diriger tous leurs efforts, comme vous l'avez fait, vers la réunion de tous les cœurs, en rendant hommage à tous les hommes éclairés & vertueux, sincères amis des lois.

Salut & fraternité,

Le Ministre de la Justice, MERLIN.

Paris, le 28 Pluviôse an 5.

Il est honorable pour vous, Citoyens, que votre prudence ait étouffé les germes alarmants qui se manifestèrent le 25 Nivôse, au sein de votre Commune.

Malheur au Magistrat qui souffleroit sur le feu éteint, qui chercheroit à le ralumer, qui reveilleroit la fureur des partis, en procédant avec partialité & contre une seule espèce de coupables, dans une affaire qui présente des délits de plusieurs espèces.

Je me plais à croire que les Magistrats de vos contrées, guidés par leur propre cœur, ne feront de poursuites que dans le sens de la loi qui est égale pour tous.

Salut & fraternité,

Le Ministre de la Justice, MERLIN.

MINISTÈRE DE LA JUSTICE.

Paris, le 30 Brumaire an 6.

LETTRE *du Citoyen* GENISSIEU, *Substitut du Commissaire du Directoire Exécutif près le Tribunal de Cassation,*

Au Citoyen Ministre de la Justice.

CITOYEN MINISTRE,

J'AI reçu la lettre que vous m'avez fait l'honneur de m'écrire le 20 de ce mois, par laquelle en m'annonçant que vous avez fait usage des renseignemens que je vous ai donnés sur quelques tribunaux criminels, vous m'invitez à continuer. Voici un nouveau trait saillant. Ce n'est pas ma manière de voir que je vous présente isolément. La section temporaire du Tribunal de cassation a, d'unananime voix, sanctionné mon opinion.

Toute la République sait que les Commissaires du soit-disant Louis XVIII étoient spécialement chargés d'influencer les assemblées primaires de l'an 5, & la résolution étoit prise d'en écarter les patriotes par la violence & la perfidie. L'occasion d'exécuter ce projet à Arles, se présenta ou peut-être on la fit éclore le 24 Nivôse an 5. Un nommé Laporte detenu étoit transféré des prisons d'Arles dans une autre prison : étoit-il coupable ou innocent, je l'ignore ; mais il étoit détesté par les royalistes. Il fut assassiné sur la route, à peu de distance d'Arles. Cette atrocité y fut connue le 25 & caufa une vive inquiétude parmi les *Monaidiers*. Vous favez, fans doute, Citoyen Miniftre, que c'eft ainfi qu'on y défigne les amis de la liberté, tandis qu'on y donne le nom de *Chiffonniers* aux royaliftes ou à ceux qui ailleurs voilent leurs principes politiques, fous le beau titre d'honnêtes gens, depuis 1791. Ils forment à Arles deux partis féparés, auffi phyfiquement, que moralement ; car ils habitent des quartiers différents.

L'effervefcence caufée le 25 Nivôfe par les nouvelles de l'affaffinat du 24 fut fuivie d'un duel entre un volontaire de la garnifon & un habitant d'Arles. J'ignore quel en fut le réfultat, il n'eft rapporté qu'épifodiquement dans la procédure, il n'en eft pas le fujet... Des groupes fe forment dans les deux quartiers. Des perfonnes s'y arment réciproquement ; dès le matin, les patriotes craignant que l'affaffinat de la veille ne fut le fignal de leur maffacre ; il y a apparence que de leur côté les *Chiffonniers* craignoient quelque acte de leur vengeance. J'ignore quels étoient les principes de la Municipalité qui, au furplus, n'avoit pas toute l'autorité, car la Commune étoit en état de fiège. Mais il paroît que de concert avec le Commandant de la place, elle fe comporta avec beaucoup de prudence. Des Commiffaires de police & des patrouilles avoient obfervé les groupes, fans ufer de violence, & tout étoit pour ainfi dire appaifé, quand deux coups de feu partirent du côté des *Chiffoniers* & ne bleffèrent perfonne. On ne fait pas même encore, s'ils furent dirigés fur quelqu'un. Il eft beaucoup plus vraifemblable, que ceux qui les tirèrent eurent le deffein d'exafpérer abfolument les *Monaidiers* & de les porter à des actes qui puffent les compromettre ; ils réuffirent en partie, le tocfin fut fonné par quelqu'un des *Monaidiers*, fur

(9)

les dix heures du soir. Des groupes se forment de nouveau des deux côtés : plusieurs Citoyens étoient armés, leur sûreté individuelle leur avoit sans doute commandé cette précaution. Chacun faisoit des patrouilles. La Municipalité, le Commandant & son État-major tiennent la même conduite que le matin. Elle réussit encore. Vers les quatre heures du matin, tout étoit tranquille, il n'y eut ni meurtres, ni incendie, ni blessures, pas une égratignure de faite, pas un coup de porté de part ni d'autres. Point de violence à la Municipalité, ni sur les militaires. Aucune tentative de s'emparer ni des postes ni des établissemens. Tel est le résultat d'un procès-verbal dressé par la Municipalité, le Commandant & son État-major, d'après ce qu'ils avoient vu, & d'après tous les rapports uniformes des Commissaires de police & des Commandants des postes ou des patrouilles.

Un Juge du Tribunal civil des Bouches-du-Rhône, Directeur du Jury à Arles, qui nous apprend dans un procès-verbal, qu'il s'étoit tenu chez lui pour recevoir les plaintes qui pourroient être fournies, prit connoissance de celui fait par la Municipalité & l'État-major, il devoit en recueillir qu'il n'avoit aucune information ultérieure à prendre, ni aucune poursuite à faire, à moins que ce ne fut, 1°. contre les assassins de Laporte, égorgé sous la main de ses conducteurs ; 2°. contre les provocateurs du duel de ce matin 25 ; 3°. contre les auteurs de deux coups de feu qui avoient renouvellé le soir l'effervescence assoupie & provoqué le son du tocsin. Mais il trouva à propos de les laisser de côté, & de fermer également les yeux sur les rassemblemens ou groupes de *Chiffonniers*: dans son système ou son plan, il vouloit les garder pour témoins contre les *Monaidiers*. Il fit en effet déposer contre un d'eux cent quarante témoins, & à fur & mefure il lançoit des mandats d'amener; les *Monaidiers*, leurs femmes & enfants furent prefque tous obligés de prendre la fuite. Quarante furent arrêtés en vertu de mandats d'arrêt; le Directeur du Jury dreffa enfuite un acte d'accufation auquel il annexa le procès-verbal de la Municipalité qui en fefoit cependant la fatyre, car il demandoit des faits imaginés pour donner une apparence de légalité à l'accufation. Il difoit notamment dans l'acte, que les anarchiftes avoient voulu établir la guerre civile dans Arles, qu'ils avoient voulu tuer le Commandant & fon fils, s'emparer des canons & de l'arfenal, tuer tous les bons Citoyens qu'ils défignoient fous le nom de *Chiffonniers* & d'ariftocrates, renverfer la conftitution, &c. &c.

Les prévenus ont mis en fait que le chef du Jury d'accufation qui prononça qu'il y avoit lieu, étoit le père de celui qui avoit tiré les deux coups de fufil, qui ayant jeté l'épouvante avoient engagé un des *Monaidiers* à fonner le tocfin. Ils ont ajouté que fi le fait n'avoit pas été vérifié au débat, c'eft que l'accufateur public n'avoit pas cité ceux des témoins qui en auroient dépofé, un defquels cependant avoit été entendu dans l'information.

Ce qu'il y a de très-pofitif & de bien odieux, c'eft que les Juges du Tribunal criminel ayant demandé au Jury, s'il étoit conftant que deux coups de fufil euffent été tirés avant que le tocfin fonnât, & les défenfeurs des prévenus ayant demandé à leur tour que cette queftion fut fuivie de celles qui avoient pour objet d'apprendre d'où étoient partis ces deux coups, & qui les avoit tirés, parce que fans cela une queftion qui devoit aller à leur décharge, feroit perfidement tournée contre eux; le Tribunal refufa par jugement de pofer ces queftions ultérieures.

Enfin, malgré le choix des témoins qui dépravoient tout avec esprit de parti, le Tribunal n'a pas trouvé même prétexte pour infliger une peine à trente ans. Trente-cinq des accusés ont été acquittés, mais on les avoit privés pendant sept à huit mois de leur liberté, & c'étoit principalement ce qu'on avoit voulu. Quant aux autres, au nombre de six, qui étoient probablement les Républicains les plus prononcés, il a été rendu par le Tribunal des Bouches-du-Rhône, le jugement le plus arbitraire, en ce que trois ont été condamnés à la déportation à vie, & trois seulement à deux ans de fer. On a pris pour prétexte, à l'égard des trois derniers, qu'il y avoit des circonstances atténuantes, quoique la question n'ayant pas été posée, n'ait pu être répondue par le Jury. Ce n'est pas qu'on voulût leur faire grace, mais c'est que la prudence a un peu contenu les juges.

En dernière analyse, déclaration du Jury, malgré la prévention qui l'investissoit, & qui, peut-être, étoit dans son cœur.

1°. Contre Antoine Pignard (déporté) qu'il avoit sonné le tocsin, après les deux coups de fusil & qu'il avoit provoqué à des violences contre le Commandant de la place, en disant qu'il étoit un coquin, ainsi que tous ceux qui l'entouroient.

2°. Contre Hypolite Duclos (autre déporté) qui, en entrant dans le rassemblement, il avoit dit, *allons chez le Commandant, allons chez le Commandant*, & qu'il s'étoit trouvé dans une patrouille.

3°. Contre François Faravel (autre déporté) qu'il avoit excité au meurtre, en disant dans un rassemblement, *allons il faut marcher, il faut périr, il faut périr, je veux me battre, je veux mourir, allons boire de l'eau de vie, il faut que cette nuit nous fassions péter tous les Chiffonniers.*

4°. Contre Louis Saurel, condamné à deux ans de fer, qu'il a excité Benoit Planet à aller chercher son fusil, *il faut voir la fin de tous ces coquins*.

5°. Contre Jacques Chabrier, d'avoir appellé des habitants de Trinquetaille à l'aide d'un porte-voix.

6°. Contre Jean-Baptiste Richard, condamné à deux ans de fer, d'avoir provoqué à des violences contre le Commandant, en le présentant comme l'auteur de la mort du nommé Laporte.

Le Tribunal de Cassation justement indigné de ce procès a cassé le jugement par le sien du 24 du présent mois.

1°. Il a cassé les mandats d'arrêt & l'acte d'accusation, comme contenant abus & excès de pouvoir de la part du Directeur du Jury, en créant de son chef des faits contraires au procès-verbal qu'il annexoit, en voulant par là pallier la contravention à l'article 228 du code des délits & des peines, qui defend d'accuser pour des faits qui ne méritent ni peine afflictive ni peine infamante, & comme contenant réellement par là contravention à cet article.

2°. Spécialement la déclaration du Jury de jugement, par le vice & la défectuosité de la position des questions, & la contravention aux articles 373 & 374.

3°. Spécialement encore la même déclaration, comme contenant de dix manières au moins des questions captieuses & complexes.

4°. Spécialement le jugement, pour fausse application de la loi du 1er. Germinal an 3, en ce que si cette loi subsistoit, elle n'étoit pas applicable, & en ce qu'elle ne subsistoit plus depuis celle du 27 Germinal an 4, qui traite des mêmes délits & s'appliquoit encore moins.

Il est remarquable, sur-tout, que le Tribunal

n'a pas même trouvé matière à renvoyer à un autre Tribunal criminel, ni à un officier de police judiciaire. Il a ainsi étouffé un procès qui, étant continué, pouvoit causer dans le midi les plus grands malheurs. Les pièces doivent vous être renvoyées, vous pourrez, Citoyen Ministre, faire faire copie du procès-verbal dont j'ai parlé en commençant, & du jugement du Tribunal de cassation, ces deux pièces & ma lettre pourront tenir un bon coin dans l'histoire qu'on peut faire des Tribunaux avant le 18 Fructidor, & apprendre ce qu'on doit craindre encore de plusieurs d'entr'eux, si on leur laisse l'autorité dont ils abusent avec tant d'audace.

Salut & respect,

Signé GENISSIEU.

Pour copie conforme,

Le Ministre de la Justice, *signé* LAMBRECHTS.

JUGEMENT

DU TRIBUNAL DE CASSATION.

Du 24 Brumaire an 6.

AU NOM DE LA RÉPUBLIQUE FRANÇAISE,

A tous présens & avenir SALUT.

LE TRIBUNAL DE CASSATION a rendu le Jugement suivant, sur le mémoire à lui présenté par les nommés *Antoine Pignard*, *Hypolite Duclos*, *François Faravel*, *Jacques Chabrier*, *Jean-Baptiste Richard* & *Louis Saurel* de la Commune d'Arles, les trois premiers condamnés à la déportation, & les trois autres à deux années de fers, par jugement du Tribunal criminel du département des Bouches-du-Rhône, rendu le 24 Thermidor an 5, sur lequel est intervenu le jugement suivant du Tribunal de Cassation, le 24 Brumaire an 6.

Ouï le rapport de Jean-Baptiste-François Bayard & Genissieu, Substitut du Commissaire du Pouvoir exécutif, en ses conclusions :

Vu 1°. que suivant les premières règles de l'ordre judiciaire, & aux termes de l'article 4 du code des délits & des peines, il ne peut y avoir lieu à aucunes poursuites soit criminelles, soit de police, à moins qu'il n'existe un délit ; & que tout officier de police qui commence des poursuites criminelles sans qu'il existe de délit, commet un excès de pouvoir, qui doit être réprimé par le Tribunal de cassation, d'après les dispositions du paragraphe 16 de l'article 456 du code des délits & des peines. — Vu aussi l'article 228 du même code, portant : « il ne peut » être dressé d'acte d'accusation que pour délit em- » portant peine afflictive ou infamante » & l'article 232, qui veut que l'article 228 soit observé à peine de nullité.

Et considérant qu'il n'existe aucune trace, aucune apparence de délit dans le procès-verbal qui a été dressé le 25 Nivôse an 5 par les Officiers municipaux de la Commune d'Arles, conjointement avec le Commandant de la place & plusieurs autres Officiers, des événemens malheureux qui ont troublé cette Commune dans cette journée ; qu'il n'y est question que d'une effervescence populaire & d'inquiétudes casuelles bientôt appaisées, sans qu'il y ait eu aucune violence exercée, ni un seul coup donné de part ni d'autre ; que c'est cependant ce procès-verbal qui a donné lieu aux poursuites qui ont été dirigées contre une multitude de Citoyens, & qui est devenu le fondement principal & la base essentielle de l'acte d'accusation qui a été dressé ensuite contre les mêmes Citoyens & auquel il a été annexé.

LE TRIBUNAL annulle, comme contraire aux loix qui viennent d'être citées, 1°. tous les mandats d'arrêt qui ont été décernés par le Directeur du Jury de la Commune d'Arles, à raison des événemens arrivés dans cette Commune le 25 Nivôse an 5, & qui sont constatés par le susdit procès-verbal.

2°. L'ordonnance par laquelle le Directeur du Jury a renvoyé les prévenus des prétendus délits commis le même jour devant un Jury d'accusation.

3°. L'acte d'accusation dressé contre les mêmes prévenus & tout ce qui s'en est suivi.

Vu l'article 373 du code des délits & des peines, qui porte : » le président, au nom & de l'avis du Tri- » bunal, pose toutes les questions qui résultent tant » de l'acte d'accusation que ses débats, & que les » Jurys doivent décider, « & l'article 377 portant : » il ne peut être posé aucune question complexe « lesquels articles doivent être observés à peine de nullité, suivant l'article 380.

Et considérant qu'il est constaté par le procès-verbal de la séance du Jury de jugement, qu'à l'instant de la position des questions, le défendeur des accusés a demandé qu'il fut posé une question tendante à savoir quels avoient été les auteurs des deux coups de fusil ou de pistolet qui avoient occasionné principalement les alarmes répandues dans la Commune d'Arles le 25 Nivôse, & que cette question intéressante pour les accusés résultoit évidemment des détails contenus dans le procès-verbal susdit du 25 Nivôse annexé à l'acte d'accusation.

Considérant d'une autre part que plusieurs des questions qui ont été posées renferment une complexité manifeste.

LE TRIBUNAL annulle spécialement la déclaration du Jury de jugement pour contravention aux lois qui viennent d'être citées.

Vu 3°. La loi du premier Germinal an 3, dont le Tribunal des Bouches-du-Rhône a fait l'application par son jugement quant à la peine, & celle du 27 Germinal an 4, qui a prévu les délits de la même nature que ceux qui avoient été prévus par la première; & considérant d'une part que ces deux lois ne peuvent pas être regardées comme existantes encore toutes deux, puisqu'elles prononcent l'une & l'autre des peines différentes pour les mêmes délits; d'une autre part, qu'il est de principe constant que les lois les plus récentes sont toujours censées avoir abrogé les lois antérieures qui leur sont contraires, & que d'ailleurs la loi du premier Germinal an 3 contient beaucoup de dispositions relatives aux circonstances qui l'ont amenée, & dont l'exécution est devenue absolument impossible depuis.

LE TRIBUNAL Casse spécialement le Jugement rendu le 24 Thermidor an 5, par le Tribunal criminel des Bouches-du-Rhône, contre les Citoyens *Pignard, Duclos, Faravel, Chabrier, Richard & Saurel*, pour fausse application de la loi du 1er. Germinal an 3.

ORDONNE qu'à la diligence du Commissaire du Pouvoir Exécutif, le présent Jugement sera imprimé & transcrit sur les registres du Tribunal criminel du département des Bouches-du-Rhône.

Fait & prononcé à l'audience du Tribunal de Cassation, en la quatrième section temporaire, le vingt-quatre Brumaire, an sixième de la République, présens les Citoyens BOUCHER Président; BAYARD Rapporteur; POMMIER, ALLASSŒUR, BOULET, RATAUD, BALLAUD, DALAS & BALEZ Juges.

AU NOM DE LA RÉPUBLIQUE, il est ordonné à tous Huissiers sur ce requis, de mettre le présent Jugement à exécution, à tous Commandants & Officiers de la force publique, de prêter main forte lorsqu'ils en seront légalement requis, aux Commissaires du Pouvoir Exécutif près les Tribunaux d'y tenir la main; en foi de quoi le présent Jugement a été signé par le Président dudit Tribunal & par le Greffier, pour deuxième expédition délivrée au Commissaire du Pouvoir Exécutif.

GIIOM.

Enregistré gratis, à Paris, le 27 Frimaire, an 6 Républicain.

GÉLIN.

104

www.ingramcontent.com/pod-product-compliance
Lightning Source LLC
Chambersburg PA
CBHW060626050426
42451CB00012B/2458